Impressum
Verlag: BABADADA GmbH, Nedderfeld 112 , 22529 Hamburg
Geschäftsführer / Verlagsleitung: Harald Hof
Druck: Books on Demand GmbH, In de Tarpen 42, 22848 Norderstedt

Imprint
Publisher: BABADADA GmbH, Nedderfeld 112 , 22529 Hamburg, Germany
Managing Director / Publishing direction: Harald Hof
Print: Books on Demand GmbH, In de Tarpen 42, 22848 Norderstedt, Germany

escuela
iskola

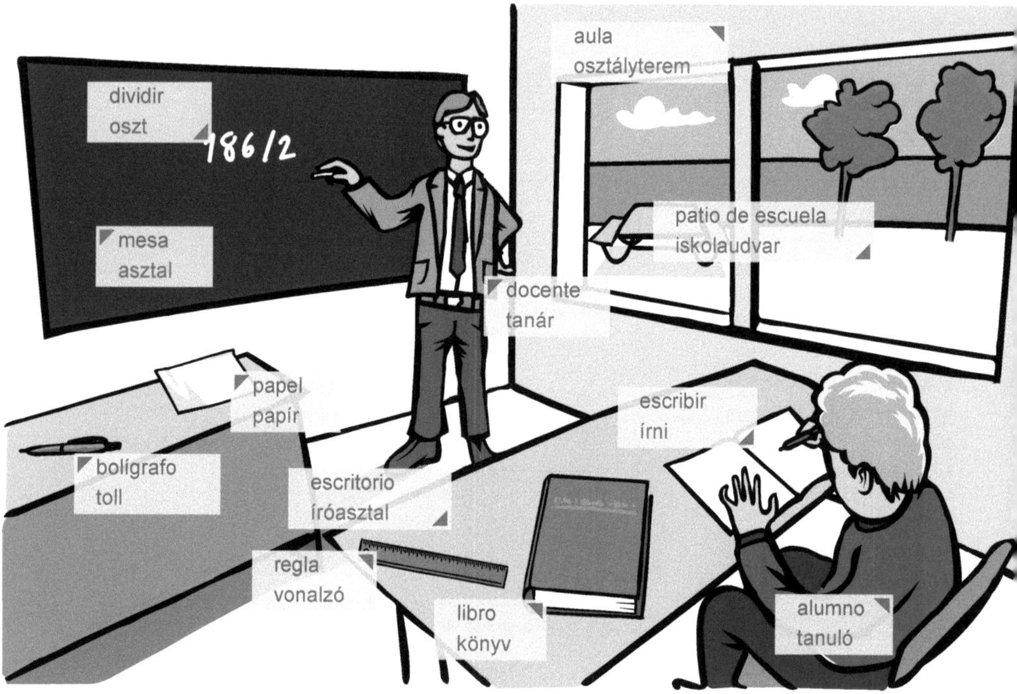
aula
osztályterem
dividir
oszt
186/2
mesa
asztal
patio de escuela
iskolaudvar
docente
tanár
papel
papír
escribir
írni
bolígrafo
toll
escritorio
íróasztal
regla
vonalzó
libro
könyv
alumno
tanuló

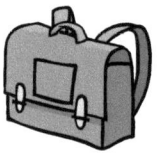

mochila escolar

iskolatáska

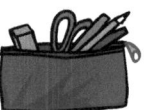

caja de lápices

tolltartó

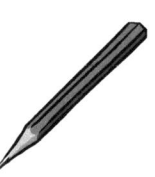

lápiz

ceruza

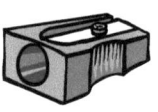

sacapuntas

ceruzahegyező

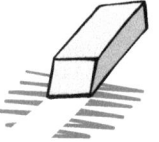

goma de borrar

radír

bloc de dibujo

rajzfüzet

dibujo
rajz

pincel
ecset

caja de pinturas
festőkészlet

tijera
olló

pegamento
ragasztó

libro de ejercicios
munkafüzet

tarea
házi feladat

número
szám

2+2

sumar
összead

5-2

restar
kivon

multiplicar
szoroz

calcular
számol

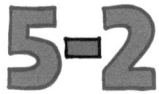

letra
betű

alfabeto
ABC

palabra
szó

texto
szöveg

leer
olvasni

tiza
kréta

lección
tanóra

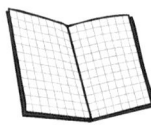

libro de clase
napló

examen
vizsga

certificado
bizonyítvány

uniforme escolar
iskolai egyenruha

educación
oktatás

enciclopedia
enciklopédia

universidad
egyetem

microscopio
mikroszkóp

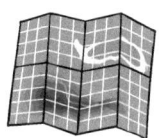

mapa
térkép

cesto de papeles
papír-hulladék gyűjtő

viaje
utazás

hotel
hotel
Grand
albergue
szállás
ROOMS
casa de cambio
valutaváltó iroda
EXCHANGE
maleta
bőrönd
auto
autó

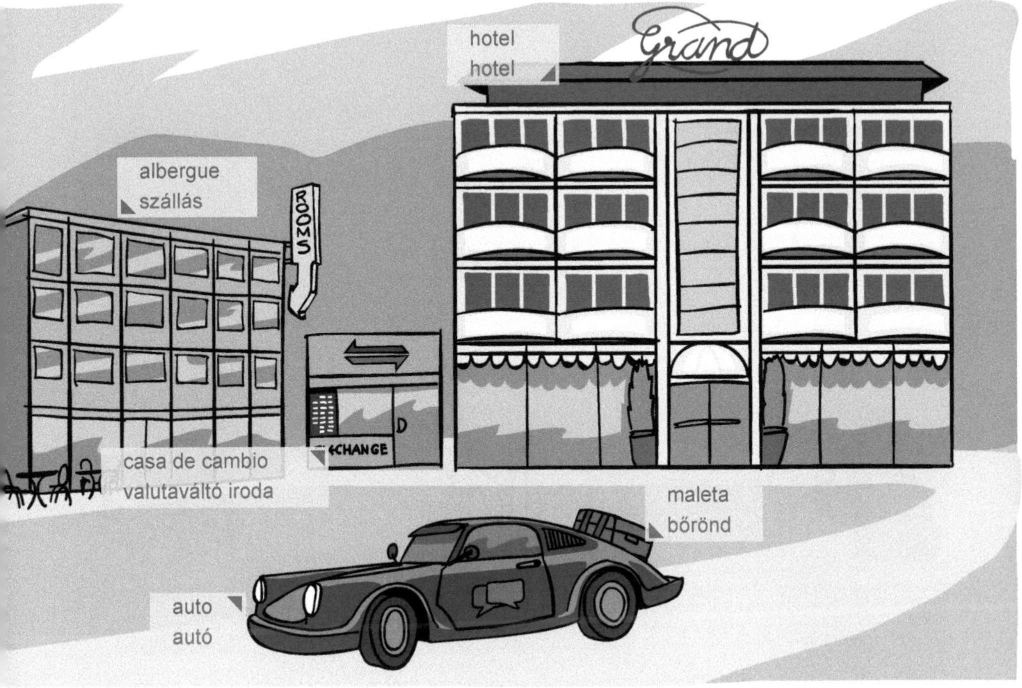

idioma

nyelv

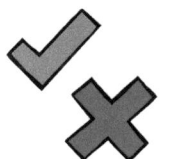

sí / no

igen/nem

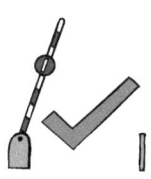

ok

rendben

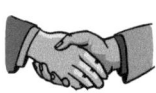

hola

szia

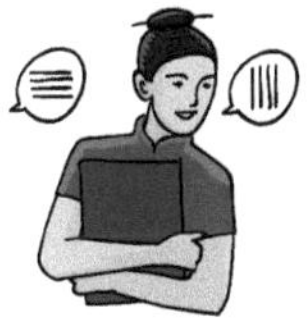

intérprete

fordító

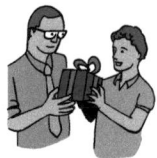

gracias

köszönöm

¿Cuánto cuesta...?

mennyibe kerül...?

No entiendo

nem értem

problema

probléma

¡Buenas tardes!

Jó estét!

¡Buenos días!

jó reggelt!

¡Buenas noches!

jó éjszakát!

adiós

viszontlátásra

dirección

útirány

equipaje

poggyász

bolso

táska

mochila

hátizsák

invitado

vendég

cuarto

szoba

saco de dormir

hálózsák

tienda de campaña

sátor

información al turista

turista információ

playa

strand

tarjeta de crédito

hitelkártya

desayuno

reggeli

almuerzo

ebéd

cena

vacsora

pasaje

jegy

ascensor

lift

sello

bélyeg

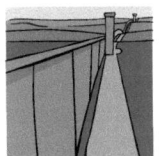

límite

határ

aduana

vám

embajada

nagykövetség

visa

vízum

pasaporte

útlevél

transporte
közlekedés

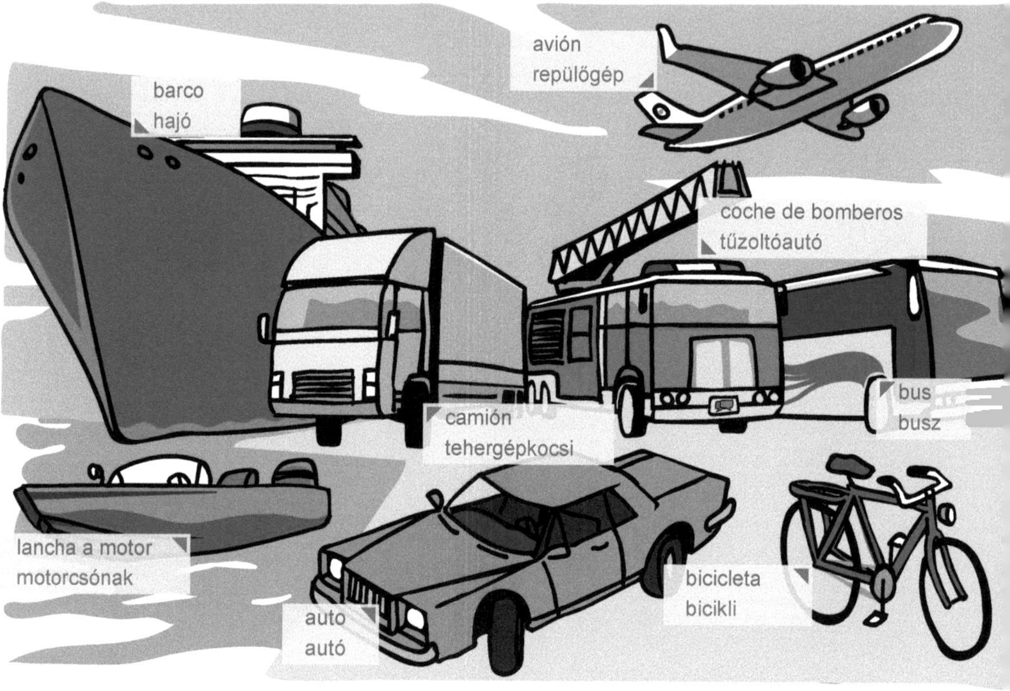
avión
repülőgép
barco
hajó
coche de bomberos
tűzoltóautó
bus
busz
camión
tehergépkocsi
lancha a motor
motorcsónak
bicicleta
bicikli
auto
autó

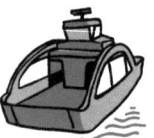

balsa

komp

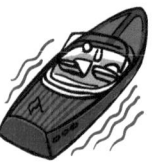

lancha

csónak

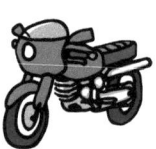

motocicleta

motorkerékpár

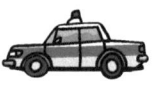

auto de policía

rendőrautó

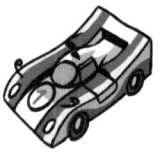

auto de carreras

versenyautó

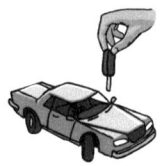

auto de alquiler

bérautó

alquiler de autos

telekocsi

grúa

vontató

vehículo recolector de basura

szemetes autó

motor

motor

gasolina

üzemanyag

gasolinera

benzinkút

señal de tráfico

közlekedési tábla

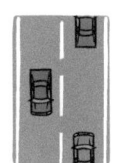

tránsito

forgalom

atasco

forgalmi dugó

estacionamiento

parkoló

estación de tren

vonatállomás

carril

sínek

tren

vonat

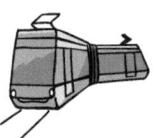

tranvía

villamos

vagón

vagon

helicóptero

helikopter

aeropuerto

repülőtér

torre

torony

pasajero

utas

contenedor

konténer

caja de cartón

kartondoboz

carro

taliga

cesta

kosár

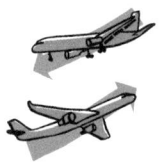

despegar / aterrizar

felszáll / leszáll

ciudad

város

aldea

falu

centro de la ciudad

városközpont

casa

ház

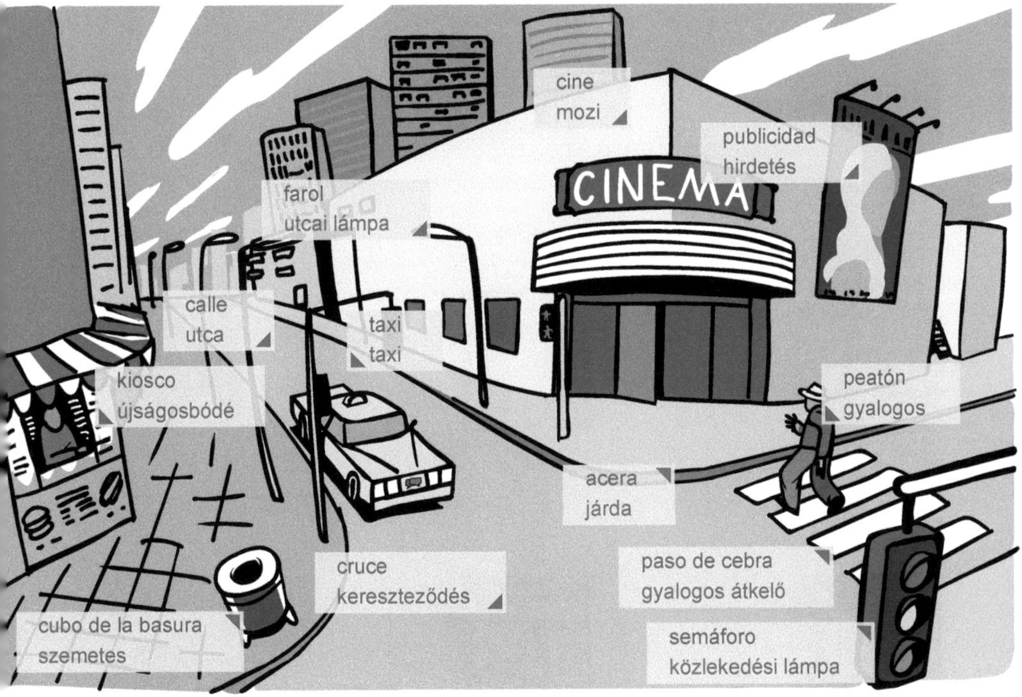

cine
mozi
publicidad
hirdetés
CINEMA
farol
utcai lámpa
calle
utca
taxi
taxi
kiosco
újságosbódé
peatón
gyalogos
acera
járda
cruce
kereszteződés
paso de cebra
gyalogos átkelő
cubo de la basura
szemetes
semáforo
közlekedési lámpa

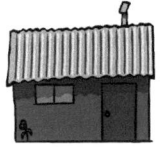

cabaña
kunyhó

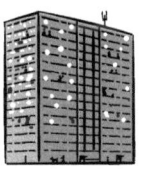

apartamento
lakás

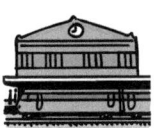

estación de tren
vonatállomás

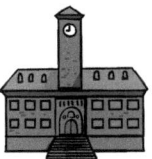

ayuntamiento
városháza

MUSEUM

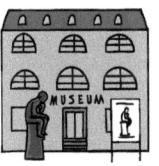

museo
múzeum

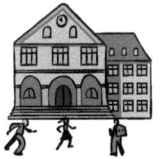

escuela
iskola

universidad

egyetem

banco

bank

hospital

kórház

hotel

hotel

farmacia

gyógyszertár

oficina

iroda

librería

könyvesbolt

negocio

üzlet

florería

virágüzlet

supermercado

szupermarket

mercado

piac

grandes almacenes

áruház

pescadería

halárus

centro comercial

bevásárló központ

puerto

kikötő

parque
park

banco
pad

puente
híd

escalera
lépcső

metro
metró

túnel
alagút

parada de autobuses
buszmegálló

bar
bár

restaurante
étterem

buzón de correo
postaláda

letrero
utcatábla

parquímetro
parkoló óra

zoológico
állatkert

piscina
uszoda

mezquita
mecset

granja

gazdálkodás

polución

környezetszennyezés

cementerio

temető

iglesia

templom

parque infantil

játszótér

templo

szentély

paisaje
táj

hoja
levél

indicador de camino
útjelző tábla

sendero
út

pradera
rét

piedra
kő

caminante
túrázó

árbol
fa

río
folyó

pasto
fű

flor
virág

valle
völgy

montaña
domb

lago
tó

bosque
erdő

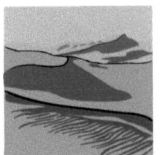

desierto
sivatag

volcán
vulkán

castillo
kastély

arco iris
szivárvány

seta
gomba

palmera
pálmafa

mosquito
szúnyog

mosca
légy

hormiga
hangya

abeja
méhecske

araña
pók

escarabajo

bogár

rana

béka

ardilla

mókus

erizo

sündisznó

liebre

nyúl

lechuza

bagoly

pájaro

madár

cisne

hattyú

jabalí

vaddisznó

ciervo

szarvas

alce

rénszarvas

embalse

gát

aerogenerador

szélturbina

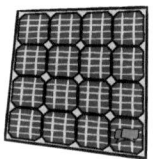

módulo solar

napelem

clima

éghajlat

restaurante
étterem

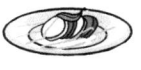

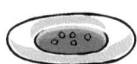

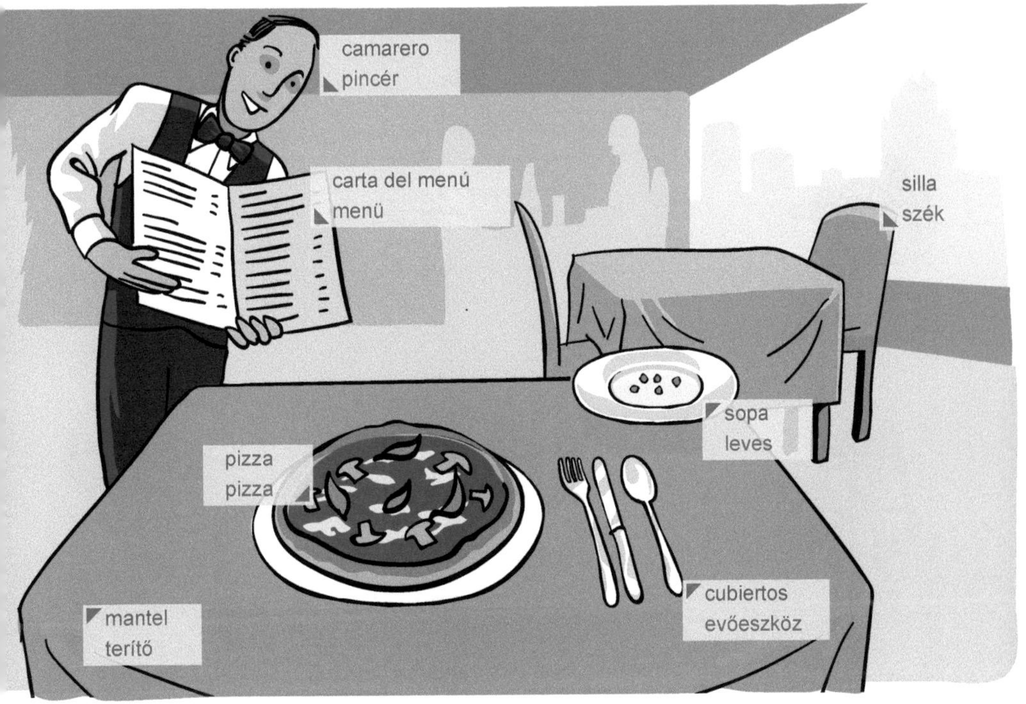
camarero
pincér
carta del menú
menü
silla
szék
sopa
leves
pizza
pizza
cubiertos
evőeszköz
mantel
terítő

entrada
előétel

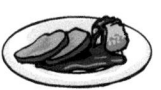

plato principal
főétel

postre
desszert

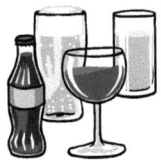

bebida
italok

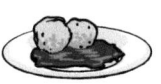

comida
étel

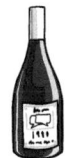

botella
üveg

comida rápida

gyorsétel

comida callejera

gyorsétel

tetera

teás kanna

azucarera

cukortartó

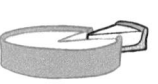

porción

adag

máquina de espresso

eszpresszógép

silla alta

bárszék

factura

számla

bandeja

tálca

cuchillo

kés

tenedor

villa

cuchara

kanál

cuchara de té

teáskanál

servilleta

szalvéta

vaso

pohár

plato
tányér

plato de sopa
leveses tányér

platillo
csészealj

salsa
szósz

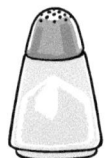

salero
sószóró

molinillo para pimienta
borsőrlő

vinagre
ecet

aceite
étkezési olaj

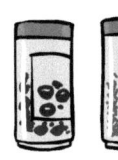

especias
fűszerek

ketchup
ketchup

mostaza
mustár

mayonesa
majonéz

supermercado
szupermarket

oferta
különleges ajánlat
FOR
cliente
ügyfél
productos lácteos
tejtermék
fruta
gyümölcsök
carrito de compras
bevásárló kocsi

BUTCHERS

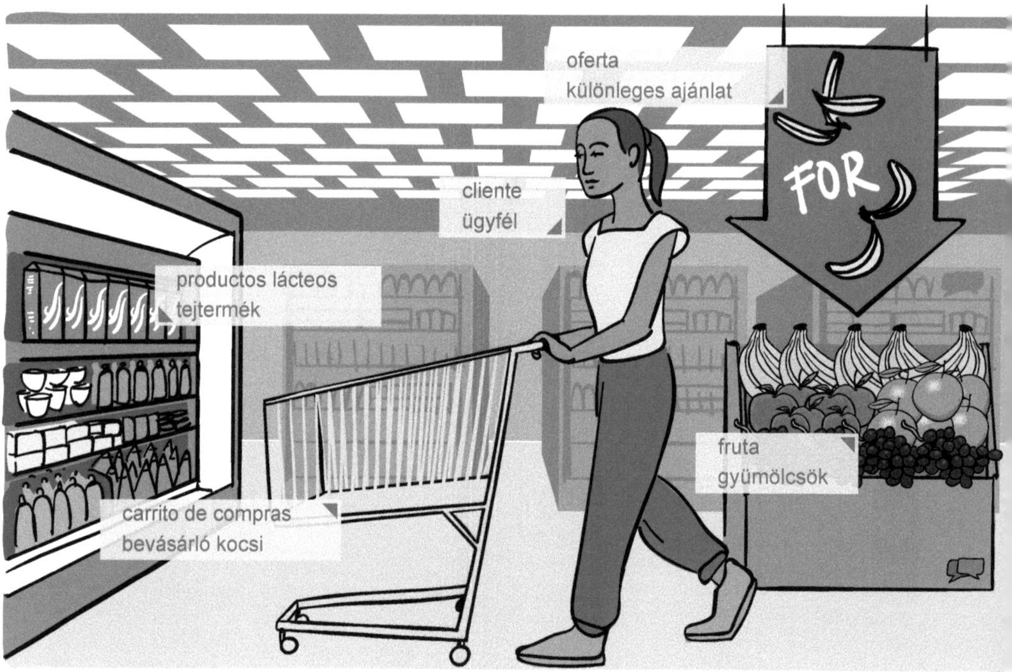

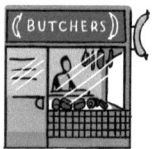

carnicería
....
hentes

BAKERY

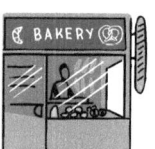

panadería
....
pékség

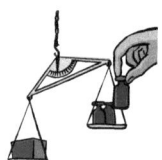

pesar
....
nyom valamennyit

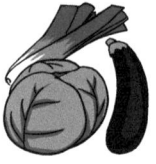

verdura
....
zöldség

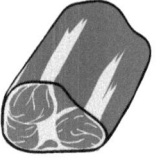

carne
....
hús

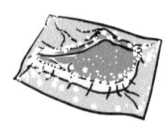

alimentos congelados
....
fagyasztott áru

fiambre
felvágott

conservas
konzerv

detergente en polvo
mosópor

dulces
édességek

artículos domésticos
háztartási termék

productos de limpieza
tisztítószerek

vendedora
eladó

caja
pénztárgép

cajero
eladó

lista de compras
bevásárló lista

horario de atención
nyitva tartás

cartera
levéltárca

tarjeta de crédito
hitelkártya

maleta
zacskó

bolsa plástica
műanyag zacskó

agua

víz

jugo

gyümölcslé

leche

tej

refresco de cola

kóla

vino

bor

cerveza

sör

alcohol

alkohol

cacao

kakaó

té

tea

café

kávé

espresso

eszpresszó

cappuccino

kapucsínó

banana

banán

manzana

alma

naranja

narancs

sandía

sárgadinnye

limón

citrom

zanahoria

sárgarépa

ajo

fokhagyma

bambú

bambusz

cebolla

hagyma

seta

gomba

nueces

magvak

fideos

nokedli

espagueti

spagetti

arroz

rizs

ensalada

saláta

patatas fritas

sült krumpli

patatas salteadas

sült burgonya

pizza

pizza

hamburguesa

hamburger

sándwich

szendvics

escalope

hússzelet

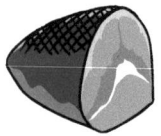

jamón

sonka

salame

szalámi

embutido

kolbász

pollo

csirke

asado

pecsenye

pescado

hal

copos de avena

zabkása

musli

müzli

copos de maíz tostado

kukoricapehely

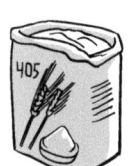

harina

liszt

croissant

croissant

panecillo

zsemle

pan

kenyér

tostada

pirítós kenyér

galletas

keksz

mantequilla

vaj

cuajada

túró

pastel

sütemény

huevo

tojás

huevo frito

tükörtojás

queso

sajt

helado
jégkrém

azúcar
cukor

miel
méz

mermelada
lekvár

praliné
mogyorókrém

curry
curry

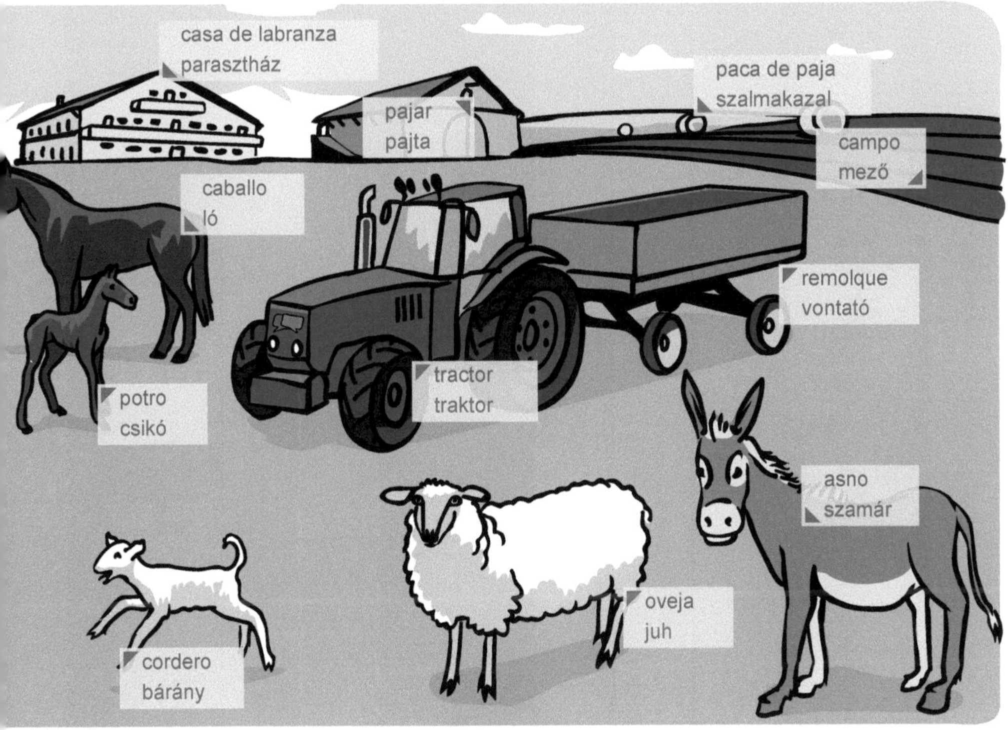

casa de labranza
parasztház

pajar
pajta

paca de paja
szalmakazal

campo
mező

caballo
ló

remolque
vontató

potro
csikó

tractor
traktor

asno
szamár

oveja
juh

cordero
bárány

cabra

kecske

vaca

tehén

ternero

borjú

cerdo

malac

lechón

kismalac

toro

bika

ganso
liba

pato
kacsa

polluelo
csibe

pollo
tojó

gallo
kakas

rata
patkány

gato
macska

ratón
egér

buey
ökör

perro
kutya

caseta del perro
kutyaház

manguera de riego
kerti öntözőcső

regadera
öntözőkanna

guadaña
kasza

arado
eke

hoz

sarló

azada

kapa

bieldo

vasvilla

hacha

fejsze

carretilla

talicska

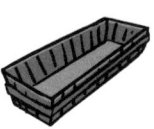

abrevadero

teknő

lechera

tejes kancsó

saco

zsák

cerca

kerítés

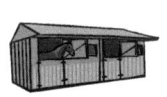

establo

istálló

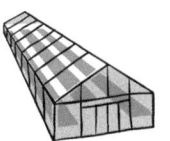

invernadero

üvegház

suelo

talaj

semilla

vetőmag

fertilizante

trágya

cosechadora

cséplőgép

cosechar

szüretelni

cosecha

betakarítás

raíz de ñame

yamgyökér

trigo

búza

soja

szója

patata

burgonya

maíz

kukorica

colza

repcemag

Árbol frutal

gyümölcsfa

mandioca

manióka

cereales

gabona

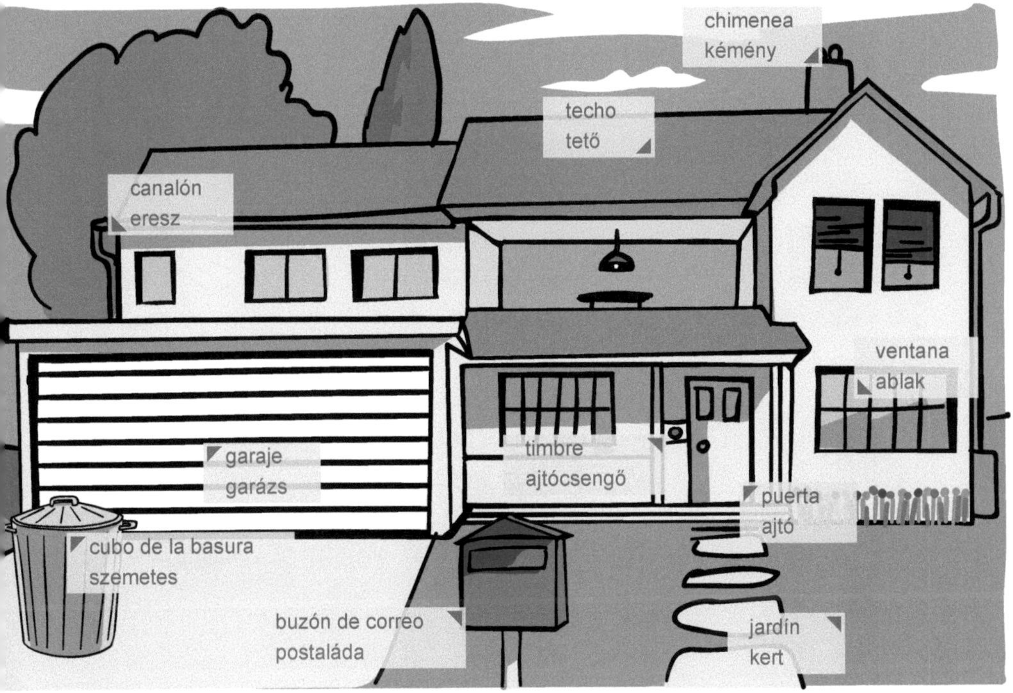

chimenea
kémény

techo
tető

canalón
eresz

ventana
ablak

garaje
garázs

timbre
ajtócsengő

puerta
ajtó

cubo de la basura
szemetes

buzón de correo
postaláda

jardín
kert

cuarto de estar

nappali

cuarto de baño

fürdőszoba

cocina

konyha

dormitorio

hálószoba

cuarto de los niños

gyerekszoba

comedor

ebédlő

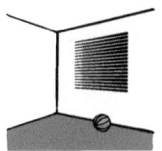

piso
padló

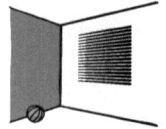

pared
fal

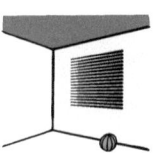

cielorraso
plafon

sótano
pince

sauna
szauna

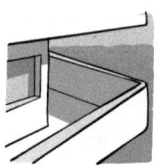

balcón
erkély

terraza
terasz

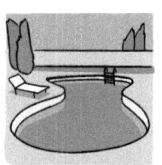

piscina
medence

cortacésped
fűnyíró

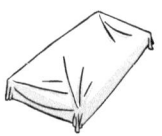

funda nórdica
lepedő

edredón
ágytakaró

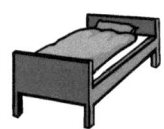

cama
ágy

escoba
seprű

cubo
vödör

interruptor
kapcsoló

cuarto de estar
nappali

papel para empapelar
tapéta
imagen
kép
lámpara
lámpa
estante
polc
gabinete
szekrény
televisor
televízió
hogar
kandalló
flor
virág
cojín
párna
sofá
kanapé
florero
váza
control remoto
távirányító

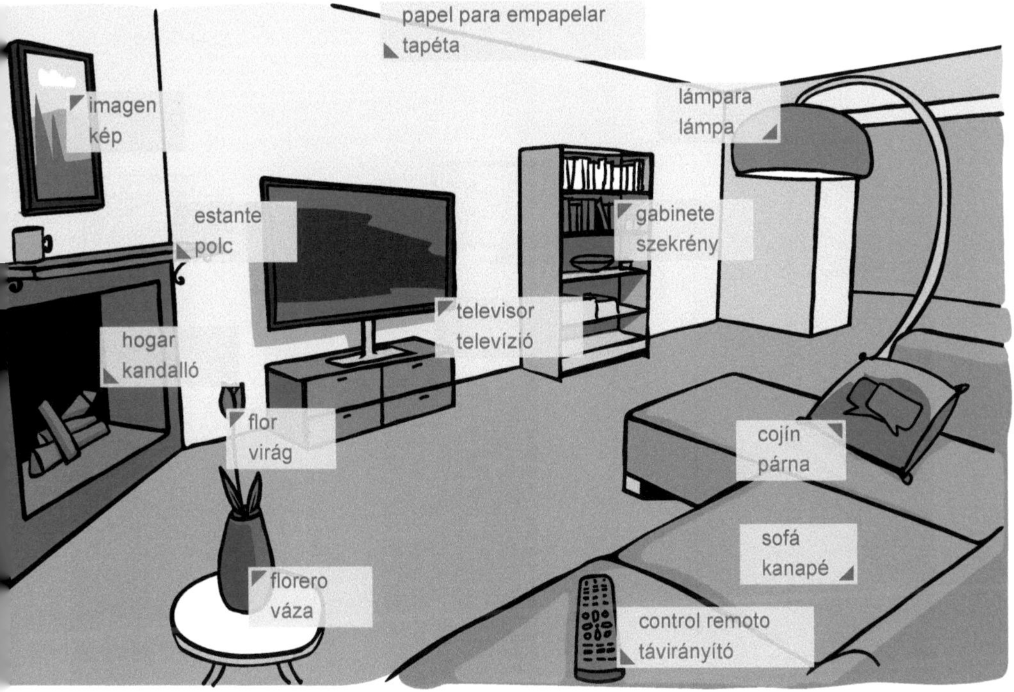

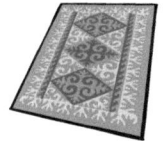

alfombra
szőnyeg

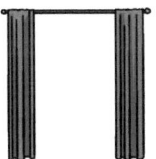

cortina
függöny

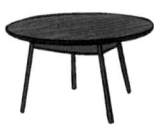

mesa
asztal

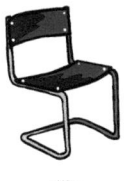

silla
szék

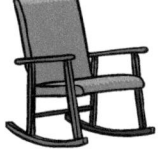

mecedora
hintaszék

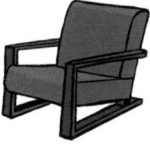

sillón
karosszék

libro
könyv

frazada
takaró

decoración
dekoráció

leña
tűzifa

film
film

equipo estereofónico
hifi

llave
kulcs

periódico
újság

cuadro
festmény

póster
poszter

radio
rádió

bloc de notas
jegyzetfüzet

aspiradora
porszívó

cactus
kaktusz

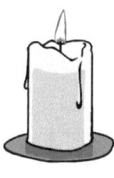

vela
gyertya

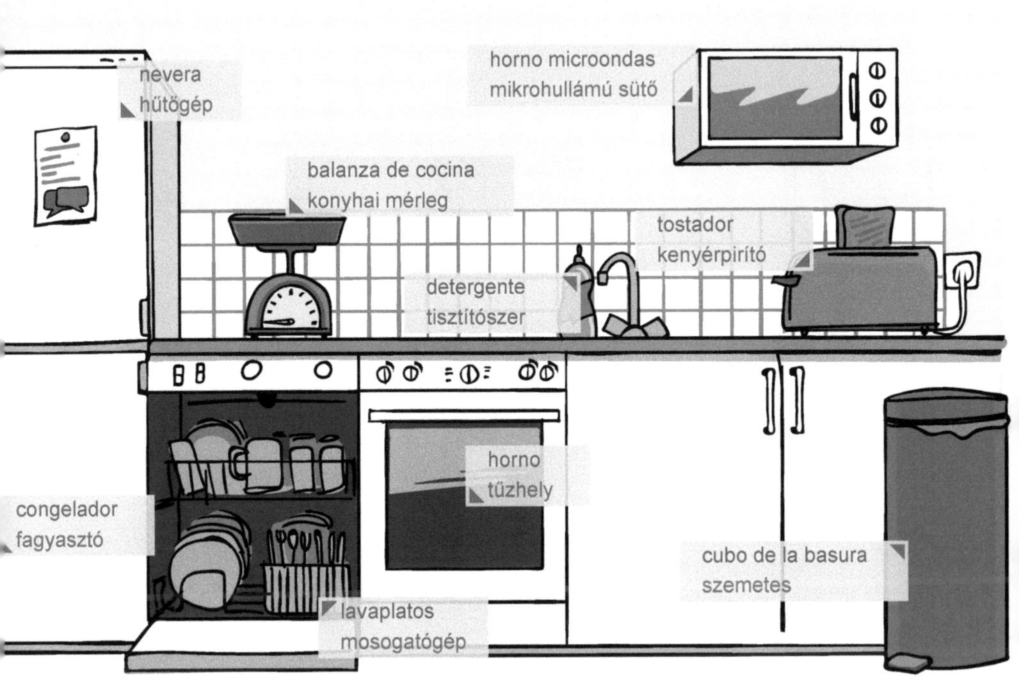

nevera
hűtőgép

horno microondas
mikrohullámú sütő

balanza de cocina
konyhai mérleg

tostador
kenyérpirító

detergente
tisztítószer

horno
tűzhely

congelador
fagyasztó

cubo de la basura
szemetes

lavaplatos
mosogatógép

cocina

tűzhely

olla

edény

olla de fundición de hierro

vasfazék

wok / kadai

wok / kadai

sartén

serpenyő

hervidor de agua

vízforraló

olla de vapor

pároló

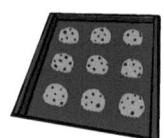

bandeja de horno

tepsi

vajilla

étkészlet

vaso

bögre

bol

tálka

palillos para comer

evőpálcika

cucharón de sopa

merőkanál

espátula

keverőlapátka

batidor

habverő

colador

szűrő

cedazo

szita

rallador

reszelő

mortero

mozsár

parrillada

grillsütő

fogata

kandalló

tabla de picar

vágódeszka

rodillo

sodrófa

sacacorchos

dugóhúzó

lata

doboz

abrelatas

konzervnyitó

agarrador

edényfogó

fregadero

mosogató

cepillo

kefe

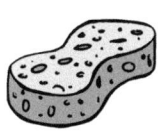

esponja

szivacs

batidora

turmixgép

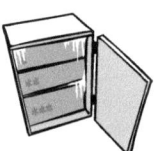

arcón congelador

mélyhűtő

biberón

cumisüveg

grifo

csap

cuarto de baño
fürdőszoba

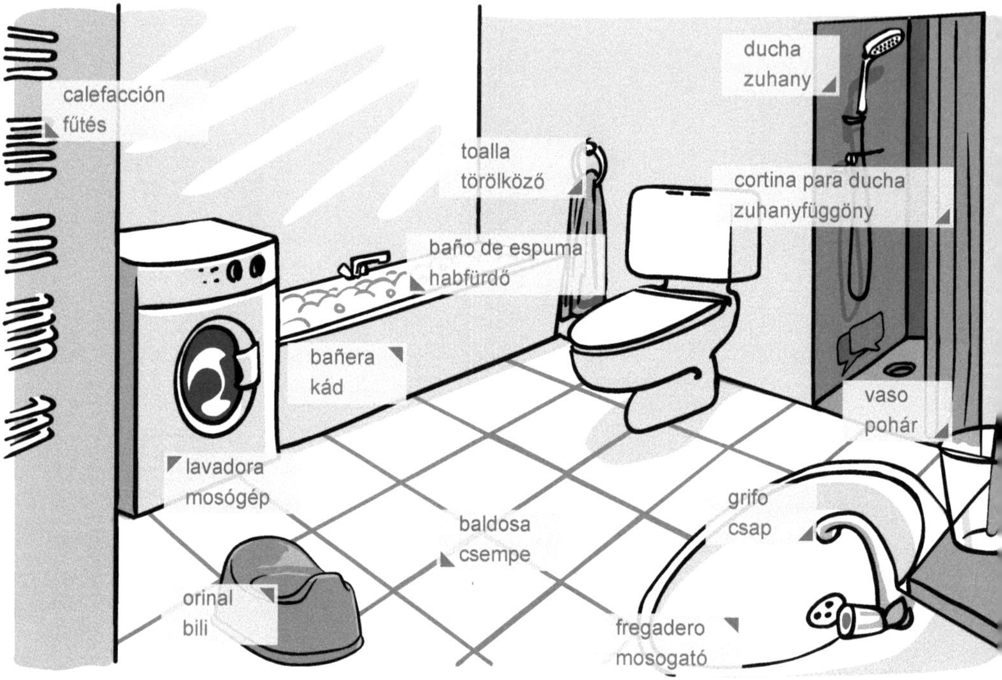
calefacción
fűtés
toalla
törölköző
ducha
zuhany
cortina para ducha
zuhanyfüggöny
baño de espuma
habfürdő
bañera
kád
vaso
pohár
lavadora
mosógép
grifo
csap
baldosa
csempe
orinal
bili
fregadero
mosogató

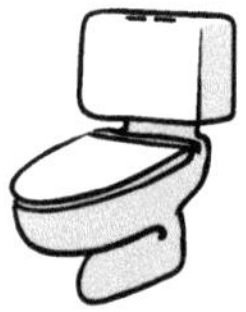

cuarto de baño

toalett

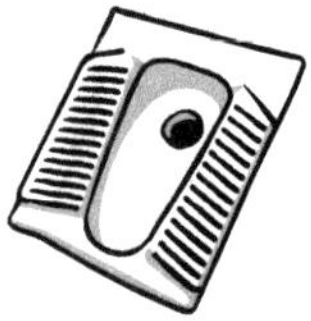

placa turca

guggolós toalett

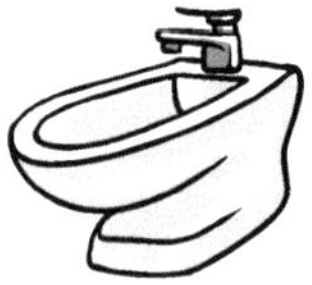

bidé

bidé

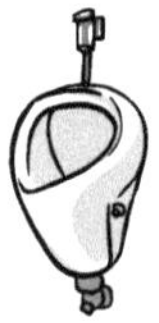

urinario

piszoár

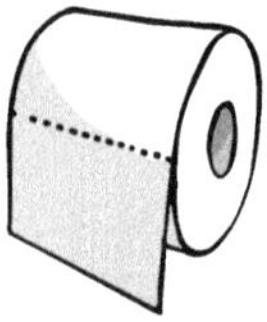

papel higiénico

toalett papír

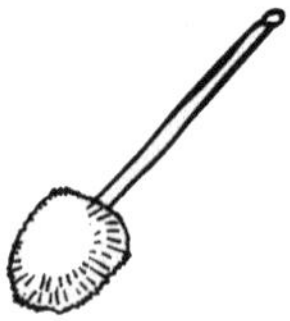

escobilla para el cuarto de baño

wc kefe

cepillo de dientes

fogkefe

pasta dentífrica

fogkrém

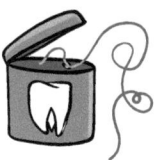

seda dental

fogselyem

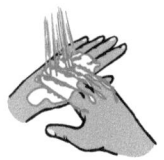

lavar

mosni

ducha teléfono

kézi zuhany

ducha higiénica

intimzuhany

cuenco

mosdótál

cepillo para la espalda

hátmosó kefe

jabón

szappan

gel de ducha

tusfürdő

champú

sampon

manopla para baño

mosdókesztyű

desagüe

lefolyó

crema

krém

desodorante

dezodor

espejo

tükör

espejo de maquillaje

kézitükör

máquina de afeitar

borotva

espuma de afeitar

borotvahab

loción para después del afeitado

borotválkozás utáni arcszesz

peine

fésű

cepillo

hajkefe

secador para cabello

hajszárító

laca de peinado

hajlakk

maquillaje

smink

lápiz labial

ajakrúzs

laca para uñas

körömlakk

algodón

vatta

tijera para uñas

körömvágó olló

perfume

parfüm

neceser
....
neszesszer

taburete
....
sámli

balanza
....
mérleg

bata de baño
....
köntös

guantes de goma
....
gumikesztyű

tampón
....
tampon

compresa
....
egészségügyi betét

wáter químico
....
vegyi WC

cuarto de los niños
gyerekszoba

despertador
ébresztő óra
animal de peluche
plüssállat
auto de juguete
játékautó
sonajero
csörgő
casa de muñecas
babaház
obsequio
ajándék

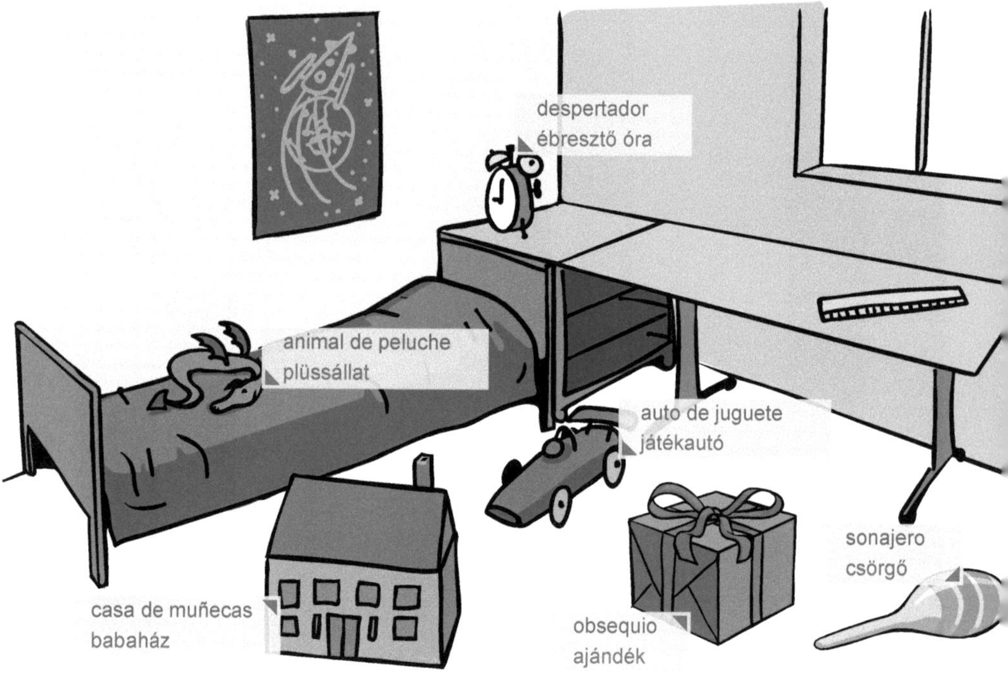

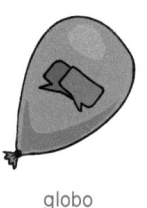

globo
lufi

cama
ágy

cochecito para niños
babakocsi

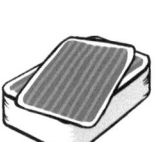

juego de barajas
kártyapakli

rompecabezas
kirakós játék

SUPER
MEGA

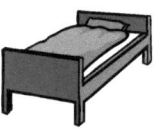

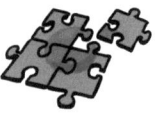

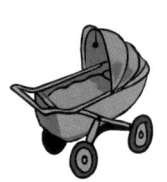

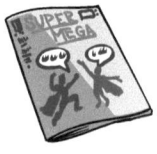

cómic
képregény

piezas de Lego

építőkockák

bloques para jugar

építőelem

figura de acción

szuperhős

pijama de una pieza

rugdalózó

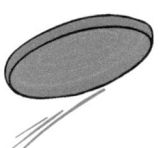

frisbee

frizbi

móvil

zenélő forgó

juego de mesa

társasjáték

dado

kocka

tren eléctrico a escala

modellvasút

chupete

cumi

fiesta

zsúr

libro de dibujos

képeskönyv

pelota

labda

títere

baba

jugar

játszani

arenero
homokozó

columpio
hinta

juguetes
játékok

consola de videojuego
videójáték konzol

triciclo
tricikli

osito de peluche
teddi maci

guardarropa
ruhásszekrény

vestimenta
ruházat

calcetines
zokni

medias
harisnya

panti
harisnyanadrág

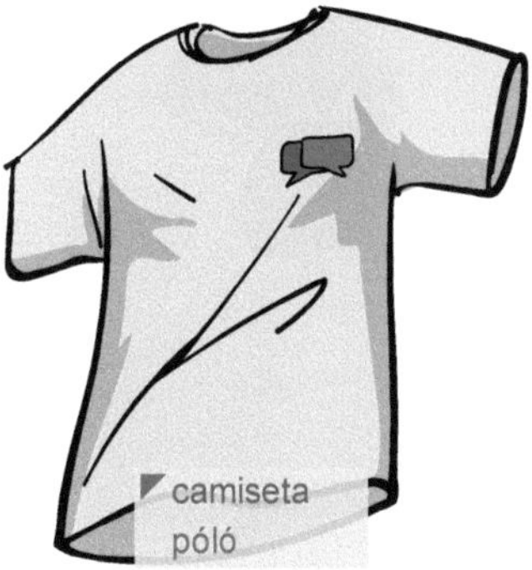

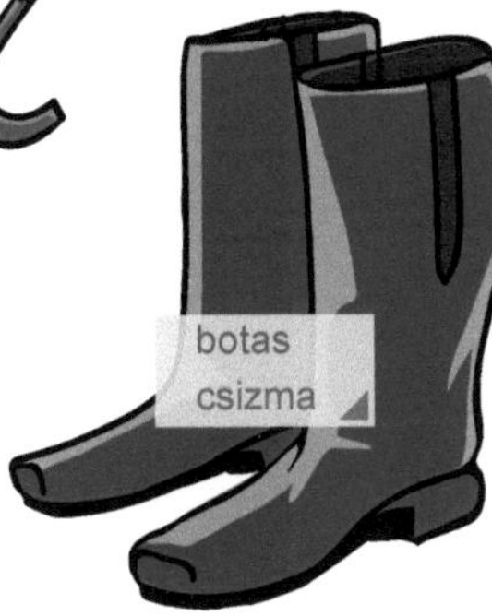

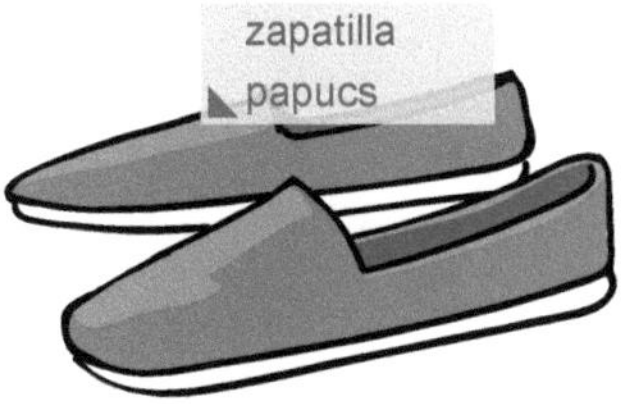

chal
sál

cinturón
öv

paraguas
esernyő

camiseta
póló

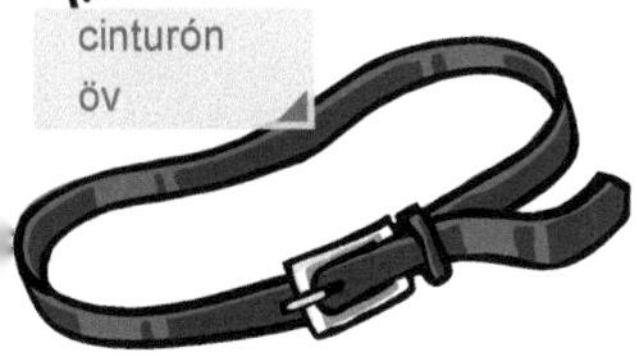

botas
csizma

zapatilla
papucs

deportivas
tornacipő

sandalias
·················
szandál

zapatos
·················
cipő

botas de goma
·················
gumicsizma

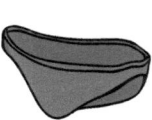

ropa interior
·················
alsónadrág

corpiño
·················
melltartó

camiseta
·················
mellény

vestimenta - ruházat

body
body

pantalón
nadrág

jeans
farmer

falda
szoknya

blusa
blúz

camisa
ing

pullover
pulóver

sweater
kapucnis pulóver

blazer
blézer

chaqueta
dzseki

abrigo
kabát

impermeable
esőkabát

traje chaqueta
kosztüm

vestido
ruha

vestido de bodas
esküvői ruha

traje

öltöny

camisón

hálóing

pijama

pizsama

sari

szári

pañuelo de cabeza

fejkendő

turbante

turbán

burka

burka

caftán

kaftán

abaya

abaya

traje de baño

fürdőruha

bañador

fürdőnadrág

shorts

rövidnadrág

chándal

tréningruha

delantal

kötény

guante

kesztyű

botón
gomb

gafa
szemüveg

brazalete
karkötö

cadena
nyaklánc

anillo
gyűrű

aro
fülbevaló

gorra
sapka

percha
vállfa

sombrero
kalap

corbata
nyakkendő

cierre a cremallera
cipzár

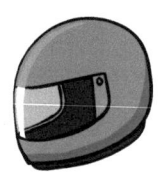

casco
bukósisak

tiradores
nadrágtartó

uniforme escolar
iskolai egyenruha

uniforme
egyenruha

babero

elöke

chupete

cumi

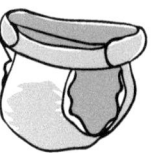

pañal

pelenka

oficina

iroda

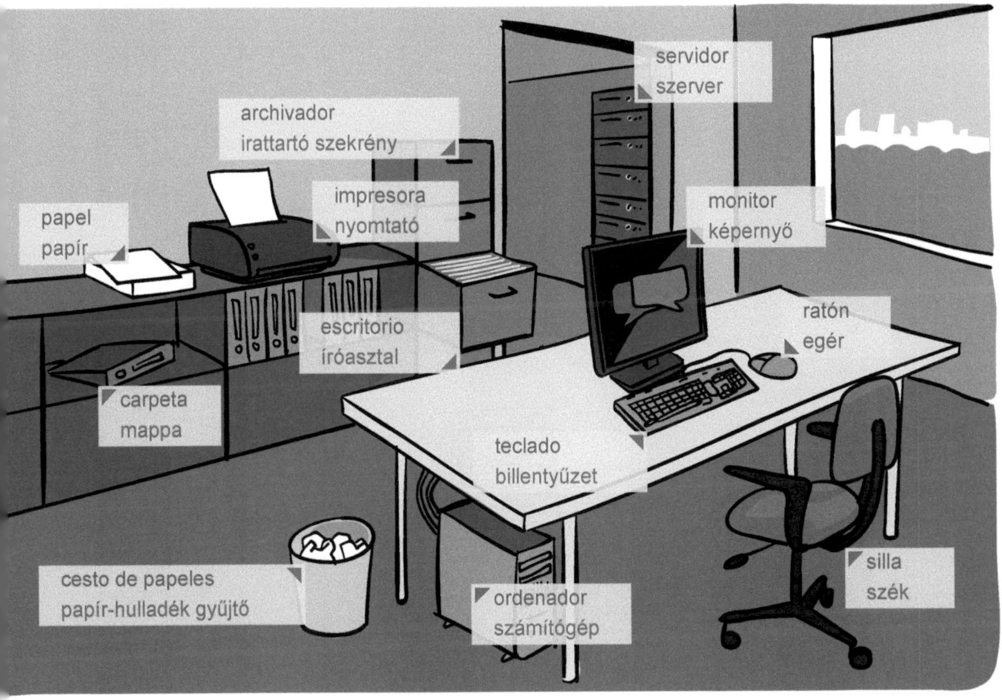

servidor
szerver

archivador
irattartó szekrény

impresora
nyomtató

papel
papír

monitor
képernyő

escritorio
íróasztal

ratón
egér

carpeta
mappa

teclado
billentyűzet

cesto de papeles
papír-hulladék gyűjtő

silla
szék

ordenador
számítógép

taza de café

kávéscsésze

calculadora

számológép

internet

internet

laptop

laptop

carta

levél

mensaje

üzenet

teléfono móvil

mobiltelefon

red

hálózat

fotocopiadora

fénymásoló

software

szoftver

teléfono

telefon

tomacorriente

konnektor

máquina de fax

faxgép

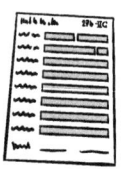

formulario

formanyomtatvány

documento

dokumentum

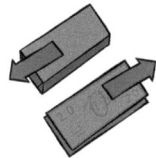

comprar
....
venni

pagar
....
fizetni

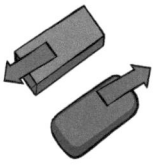

comerciar
....
kereskedni

dinero
....
pénz

USD

dólar
....
dollár

EUR
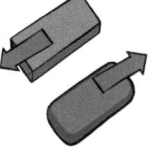

euro
....
euró

JPY

yen
....
jen

RUB

rublo
....
rubel

CHF

franco
....
svájci frank

CNY

renminbi
....
kínai jüan

INR

rupia
....
rúpia

cajero automático
....
bankautomata

casa de cambio

valutaváltó iroda

oro

arany

plata

ezüst

petróleo

olaj

energía

energia

precio

ár

contrato

szerződés

impuesto

adó

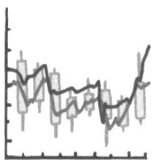

acción

részvény

trabajar

dolgozni

empleado

munkavállaló

empleador

munkaadó

fábrica

gyár

negocio

üzlet

ocupaciones
foglalkozások

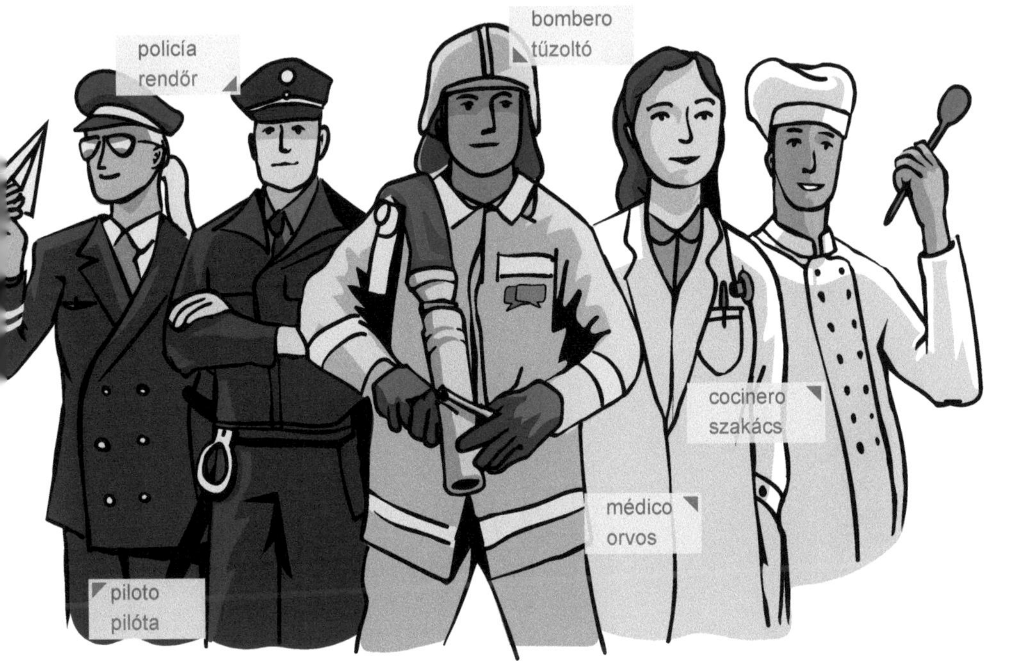
policía
rendőr
bombero
tűzoltó
cocinero
szakács
médico
orvos
piloto
pilóta

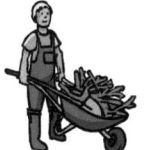

jardinero

kertész

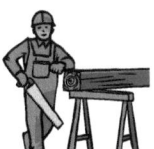

carpintero

kárpitos

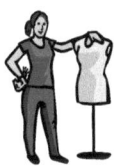

costurera

varrónő

juez

bíró

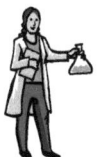

químico

vegyész

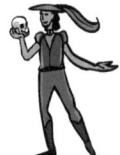

actor

színész

conductor de autobús

buszsofőr

taxista

taxisofőr

pescador

halász

mujer de la limpieza

bejárónő

techista

tetőfedő

camarero

pincér

cazador

vadász

pintor

festő

panadero

pék

electricista

villanyszerelő

albañil

építőmunkás

ingeniero

mérnök

carnicero

hentes

fontanero

vízvezeték-szerelő

cartero

postás

ocupaciones - foglalkozások

soldado
katona

arquitecto
építész

cajero
eladó

florista
virágos

peluquero
fodrász

cobrador
kalauz

mecánico
műszerész

capitán
kapitány

odontólogo
fogorvos

científico
tudós

rabino
rabbi

imam
imám

monje
szerzetes

párroco
lelkész

herramientas
szerszámok

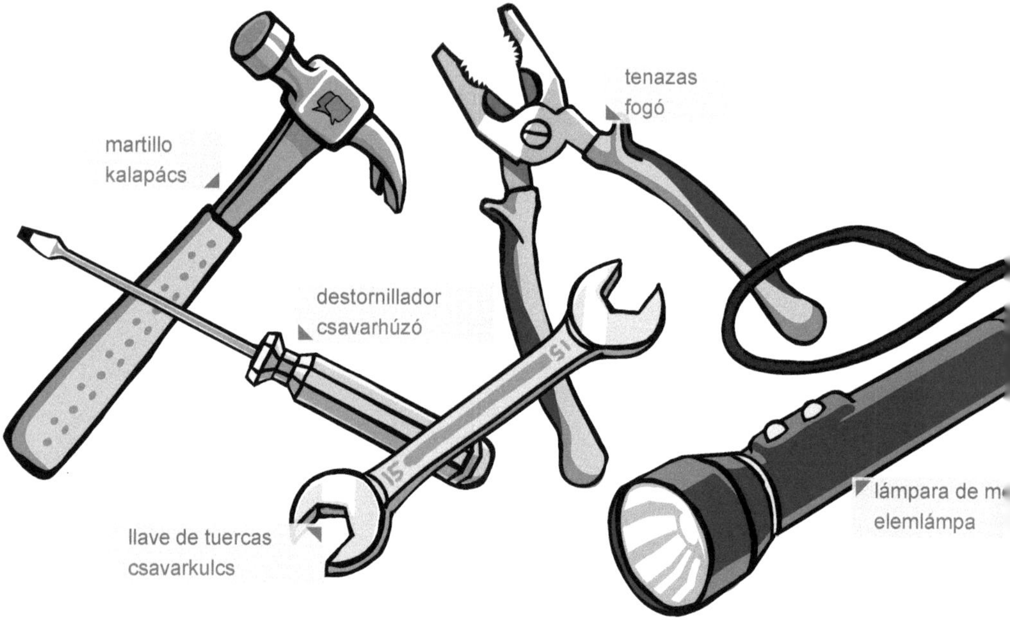

martillo
kalapács
tenazas
fogó
destornillador
csavarhúzó
llave de tuercas
csavarkulcs
lámpara de m
elemlámpa

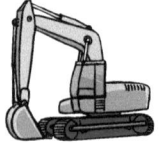

excavadora

markológép

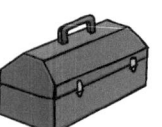

caja de herramientas

szerszámosláda

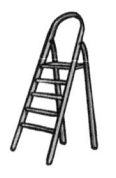

escalerilla

vödör

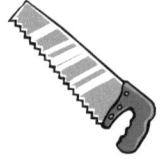

serrucho

fűrész

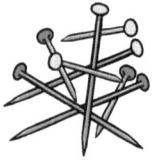

clavos

szög

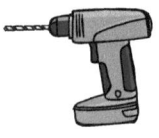

taladro

fúrógép

reparar
megjavítani

pala
lapát

¡Maldición!
A francba!

recogedor
szemétlapát

lata de pintura
festékesdoboz

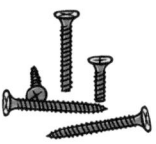

tornillos
csavar

instrumentos musicales
hangszerek

batería
dobfelszerelés

altavoz
hangszóró

guitarra
gitár

contrabajo
nagybőgő

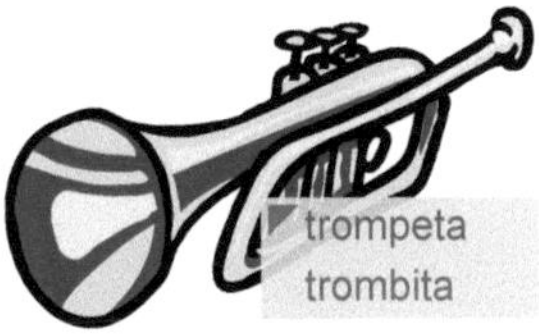

trompeta
trombita

piano
zongora

violín
hegedű

bajo
basszusgitár

timbales
üstdob

tambor
dobok

teclado
digitális zongora

saxofón
szaxofon

flauta
fuvola

micrófono
mikrofon

zoológico
állatkert

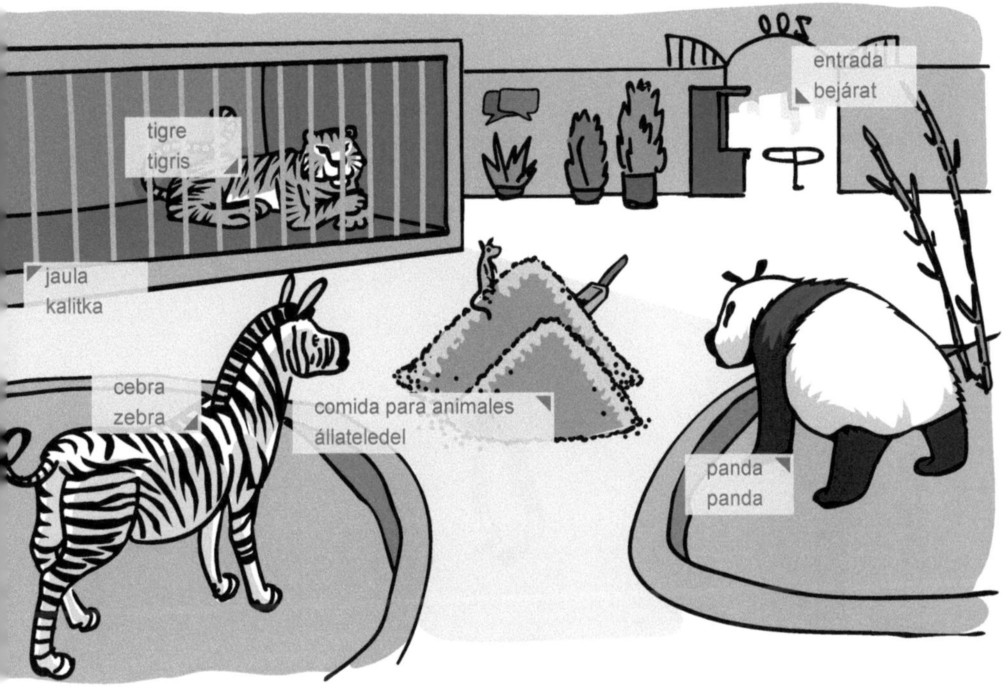

entrada
bejárat
tigre
tigris
jaula
kalitka
cebra
zebra
comida para animales
állateledel
panda
panda

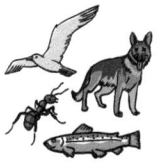

animales
állatok

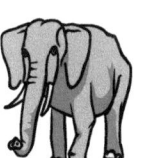

elefante
elefánt

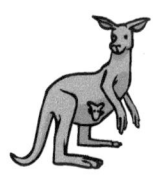

canguro
kenguru

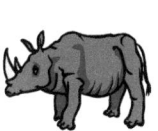

rinoceronte
orrszarvú

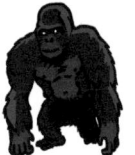

gorila
gorilla

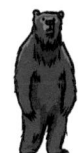

oso
medve

camello
teve

avestruz
strucc

león
oroszlán

mono
majom

flamengo
flamingó

papagayo
papagáj

oso polar
jegesmedve

pingüino
pingvin

tiburón
cápa

pavo real
páva

serpiente
kígyó

cocodrilo
krokodil

cuidador del zoológico
állatgondozó

foca
fóka

jaguar
jaguár

pony

póniló

leopardo

leopárd

hipopótamo

víziló

jirafa

zsiráf

águila

sas

jabalí

vaddisznó

pescado

hal

tortuga

teknős

morsa

rozmár

zorro

róka

gacela

gazella

fútbol americano
amerikai futball

ciclismo
kerékpározás

tenis
tenisz

baloncesto
kosárlabda

natación
úszás

boxeo
boksz

hockey sobre hielo
jégkorong

fútbol

futball

badminton

tollas

atletismo

atlétika

balonmano

kézilabda

esquí

sielés

polo

lovaspóló

reír
nevetni

saltar
ugrani

abrazar
ölelni

caminar
sétálni

cantar
énekelni

soñar
álmodni

rezar
dicsérni

besar
csókolni

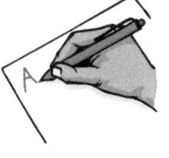

escribir

írni

dibujar

rajzolni

mostrar

mutatni

presionar

tolni

dar

adni

tomar

vinni

tener

birtokolni

hacer

csinálni

ser

lenni

estar de pie

állni

correr

futni

tirar

húzni

arrojar

hajít

caer

esni

estar acostado

hazudni

esperar

várni

llevar

vinni

estar sentado

ülni

vestirse

felvenni

dormir

aludni

despertar

felébredni

mirar

ránézni

llorar

sírni

acariciar

simogat

peinarse

fésülni

conversar

beszélni

entender

megérteni

preguntar

kérdezni

oír

hallgatni

beber

inni

comer

enni

asear

takarítani

amar

szeretni

cocinar

főzni

conducir

vezetni

volar

szállni

navegar
vitorlázni

calcular
számol

leer
olvasni

aprender
tanulni

trabajar
dolgozni

casarse
házasodni

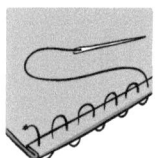

coser
varrni

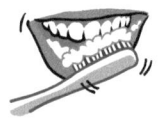

limpiarse los dientes
fogat mosni

matar
ölni

fumar
dohányozni

enviar
küldeni

familia
család

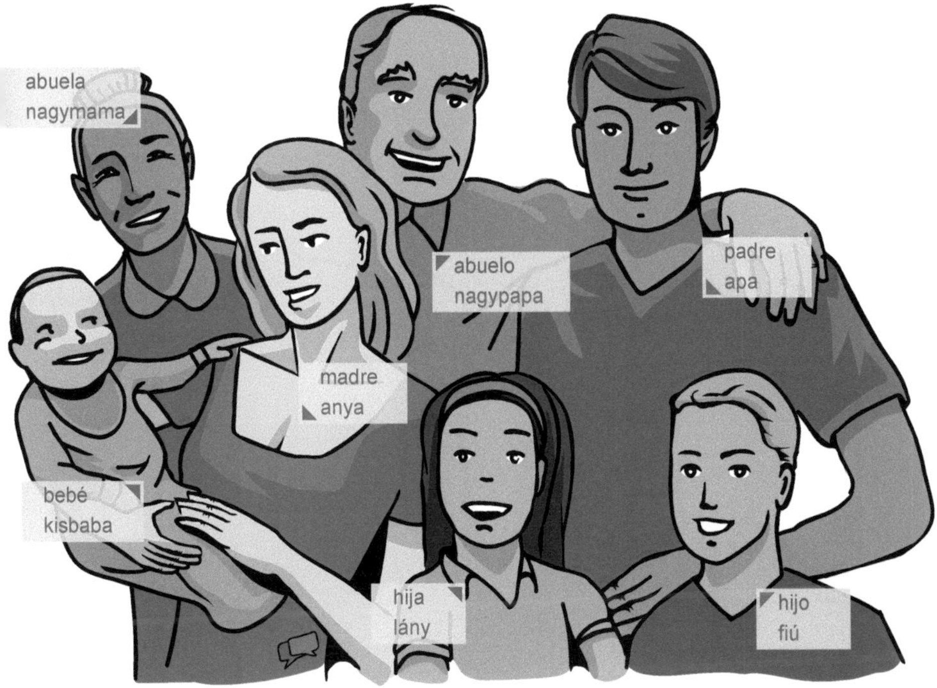

abuela
nagymama
abuelo
nagypapa
padre
apa
madre
anya
bebé
kisbaba
hija
lány
hijo
fiú

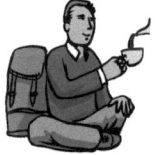

invitado
vendég

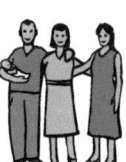

tía
nagynéni

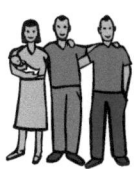

tío
nagybácsi

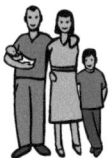

hermano
fiútestvér

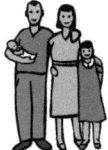

hermana
lánytestvér

cuerpo

test

frente
homlok
ojo
szem
hombro
váll
dedo
ujj
cara
arc
barbilla
áll
mano
kéz
pierna
láb
pecho
mell
brazo
kar

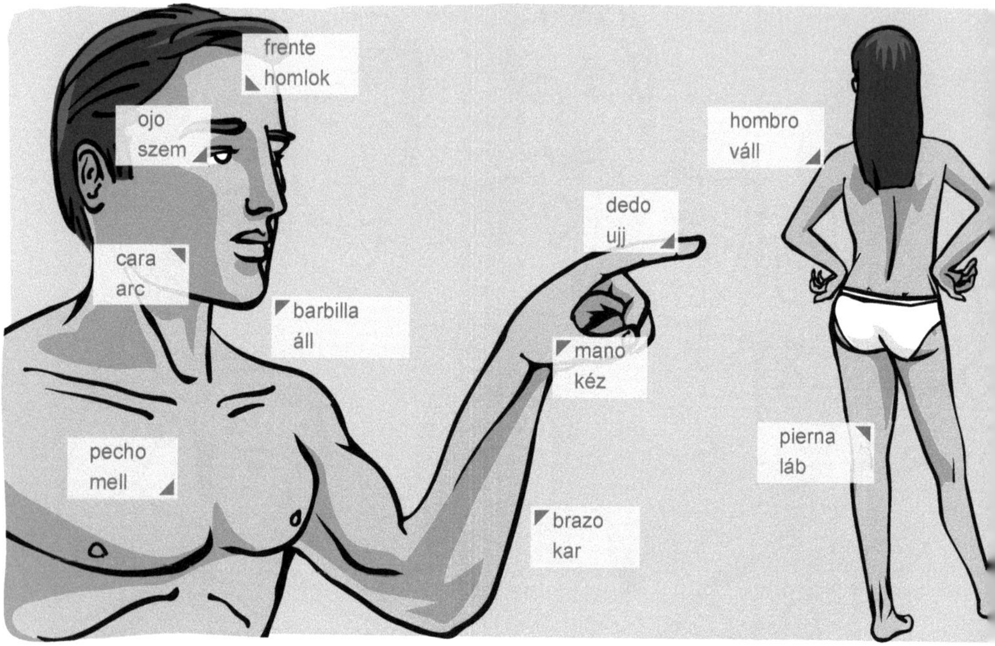

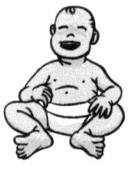

bebé

kisbaba

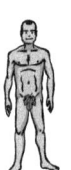

hombre

ember

mujer

nő

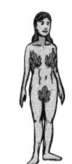

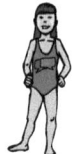

muchacha

lány

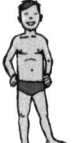

joven

fiú

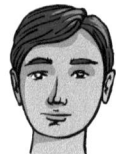

cabeza

fej

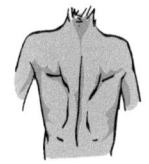

espalda

hát

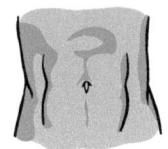

vientre

has

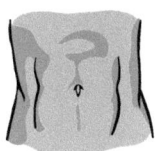

ombligo

köldök

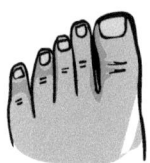

dedo del pie

lábujj

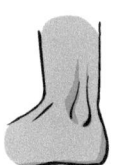

talón

sarok

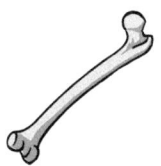

hueso

csont

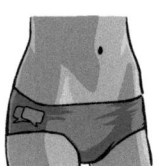

cadera

csípő

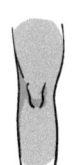

rodilla

térd

codo

könyök

nariz

orr

trasero

fenék

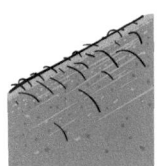

piel

bőr

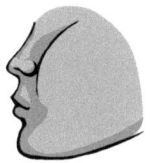

mejilla

orca

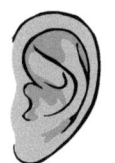

oreja

fül

labio

ajak

boca

száj

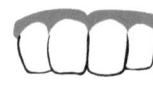

diente

fog

lengua

nyelv

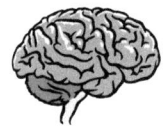

cerebro

agy

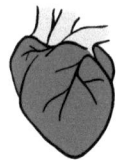

corazón

szív

músculo

izom

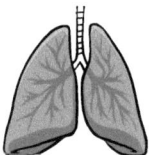

pulmón

tüdő

hígado

máj

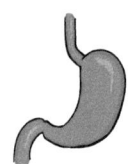

estómago

gyomor

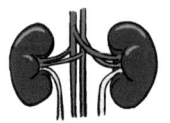

riñones

vese

relación sexual

szex

condón

kondom

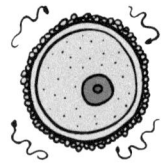

Óvulo

petesejt

esperma

sperma

embarazo

terhesség

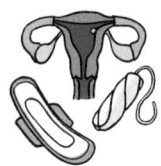

menstruación

menstruáció

vagina

vagina

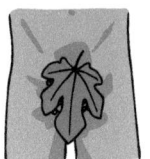

pene

pénisz

ceja

szemöldök

cabello

haj

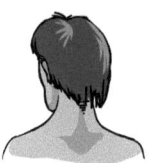

cuello

nyak

hospital
kórház

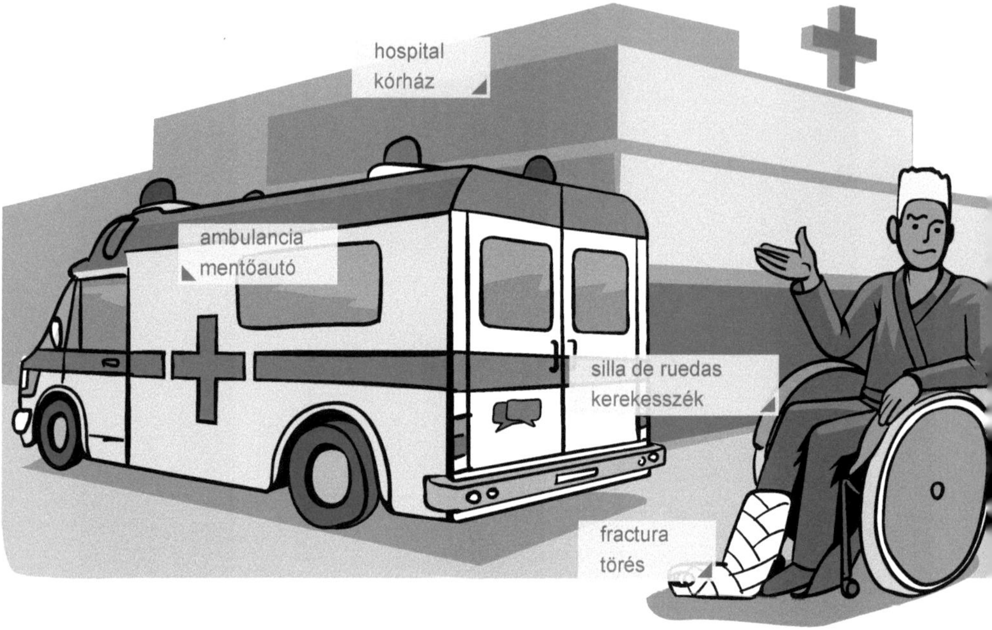

hospital
kórház
ambulancia
mentőautó
silla de ruedas
kerekesszék
fractura
törés

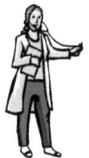

médico
....
orvos

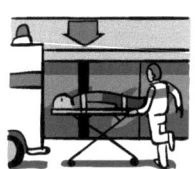

admisión de urgencia
....
sürgősségi osztály

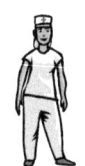

enfermera
....
ápoló

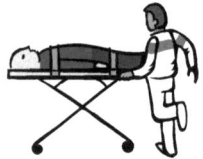

emergencia
....
vészhelyzet

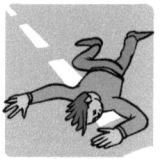

inconsciente
....
eszméletlen

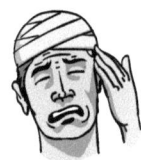

dolor
....
fájdalom

lesión

sérülés

hemorragia

vérzés

infarto de miocardio

szívroham

apoplejía cerebral

szélütés

alergia

allergia

tos

köhögés

fiebre

láz

gripe

influenza

diarrea

hasmenés

dolor de cabeza

fejfájás

cáncer

rák

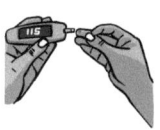

diabetes

cukorbetegség

cirujano

sebész

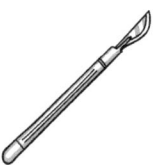

escalpelo

szike

operación

műtét

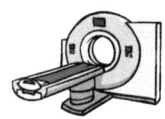

TC
CT

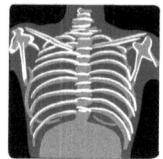

rayos X
röntgen

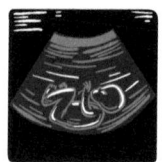

ultrasonido
ultrahang

máscara
arcmaszk

enfermedad
betegség

sala de espera
váróterem

muleta
mankó

emplasto
sebtapasz

vendaje
kötszer

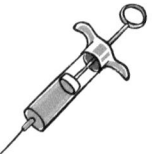

inyección
injekció

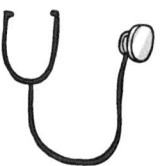

estetoscopio
sztetoszkóp

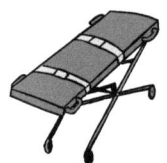

camilla
hordágy

termómetro
klinikai hőmérő

nacimiento
születés

sobrepeso
túlsúly

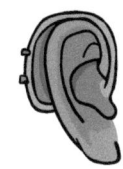

audífono
....
hallókészülék

desinfectante
....
fertőtlenítőszer

infección
....
fertőzés

virus
....
vírus

VIH / SIDA
....
HIV/AIDS

medicina
....
orvosság

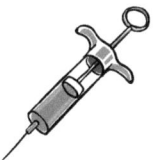

vacunación
....
oltás

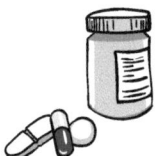

comprimido
....
tabletták

píldora anticonceptiva
....
tabletta

amada de emergencia
....
sürgősségi hívás

medidor de presión arterial
....
vérnyomásmérő

enfermo / saludable
....
betegség / egészség

¡Ayuda!

Segítség!

alarma

riasztás

asalto

rajtaütés

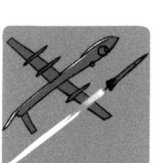

ataque

támadás

peligro

veszély

salida de emergencia

vészkijárat

¡Fuego!

tűz!

extintor

tűzoltókészülék

accidente

baleset

kit de primeros auxilios

elsősegélycsomag

SOS

SOS

Policía

rendőrség

Europa

Európa

América del Norte

Észak-Amerika

América del Sur

Dél-Amerika

África

Afrika

Asia

Ázsia

Australia

Ausztrália

Atlántico

Atlanti-óceán

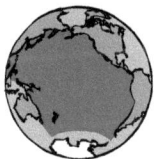

Pacífico

Csendes-óceán

Océano Índico

Indiai-óceán

Océano Antártico

Déli-óceán

Océano Ártico

Jeges-tenger

Polo Norte

Északi-sark

Polo Sur

Déli-sark

Antártida

Antarktisz

Tierra

föld

país

szárazföld

mar

tenger

isla

sziget

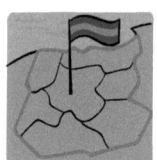

nación

nemzet

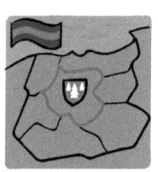

Estado

állam

cuadrante

számlap

horario

kismutató

minutero

nagymutató

segundero

másodpercmutató

¿Qué hora es?

Mennyi az idő?

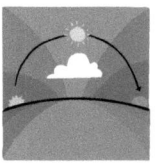

día

nap

tiempo

idő

ahora

most

reloj digital

digitális óra

minuto

perc

hora

óra

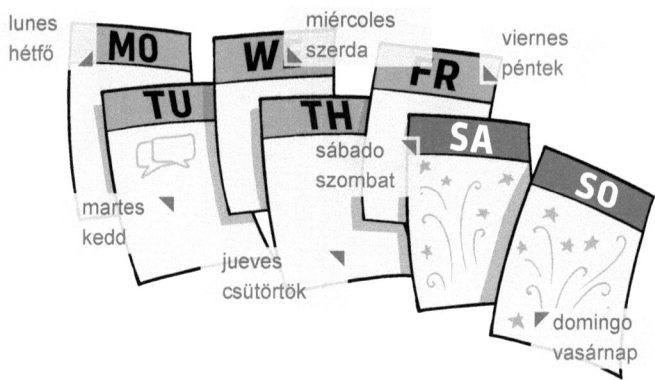

lunes
hétfő

miércoles
szerda

viernes
péntek

martes
kedd

sábado
szombat

jueves
csütörtök

domingo
vasárnap

ayer
tegnap

hoy
ma

mañana
holnap

mañana
reggel

mediodía
dél

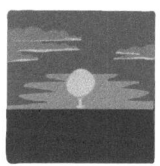

tarde
este

MO	TU	WE	TH	FR	SA	SU
1	2	3	4	5	6	7
8	9	10	11	12	13	14
15	16	17	18	19	20	21
22	23	24	25	26	27	28
29	30	31	1	2	3	4

jornada de trabajo
hétköznap

MO	TU	WE	TH	FR	SA	SU
1	2	3	4	5	6	7
8	9	10	11	12	13	14
15	16	17	18	19	20	21
22	23	24	25	26	27	28
29	30	31	1	2	3	4

fin de semana
hétvége

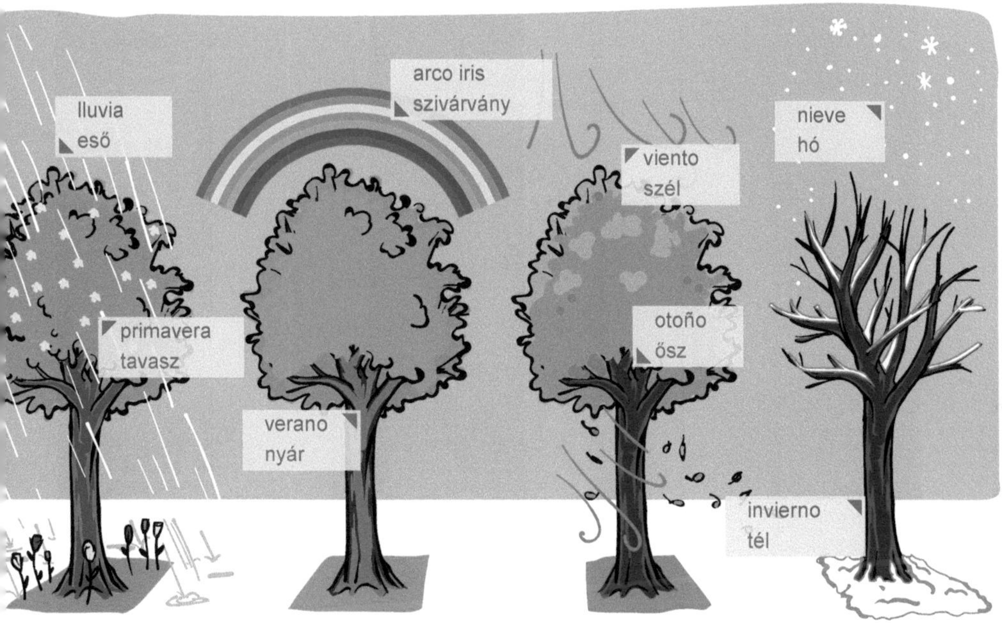

lluvia
eső
arco iris
szivárvány
nieve
hó
viento
szél
primavera
tavasz
otoño
ősz
verano
nyár
invierno
tél

4.APRIL 11°
5.APRIL 4°
6.APRIL 13°
7.APRIL 8°
8.APRIL 10°

onóstico meteorológico

időjárás előrejelzés

F C
120 40
90 30
60 20
30 10
0 0
-30 -10
-20

termómetro

hőmérő

luz solar

napsütés

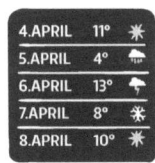

nube

felhő

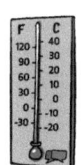

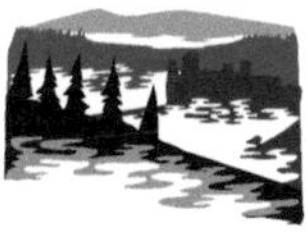

niebla

köd

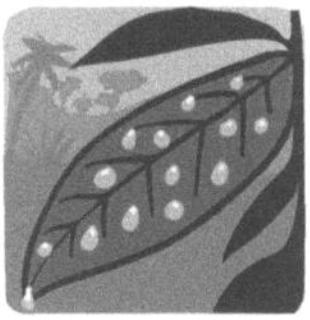

humedad ambiente

páratartalom

relámpago
villámlás

trueno
mennydörgés

tormenta
vihar

granizo
jégeső

monzón
monszun

inundación
áradás

hielo
jég

enero
január

febrero
február

marzo
március

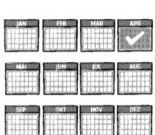

abril
április

mayo
május

junio
június

julio
július

agosto
augusztus

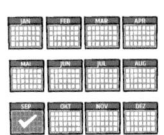

septiembre

szeptember

octubre

október

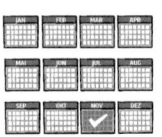

noviembre

november

diciembre

december

formas

alakzatok

formas
alakzatok

círculo

kör

cuadrado

négyzet

rectángulo

téglalap

triángulo

háromszög

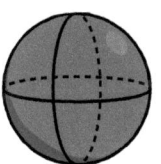

esfera

gömb

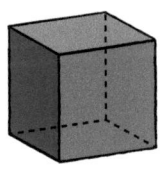

cubo

kocka

colores
színek

blanco
....
fehér

amarillo
....
sárga

anaranjado
....
narancs

rosa
....
rózsaszín

rojo
....
piros

lila
....
lila

azul
....
kék

verde
....
zöld

marrón
....
barna

gris
....
szürke

negro
....
fekete

mucho / poco

sok / kevés

enojado / calmado

mérges / nyugodt

bonito / feo

szép / csúnya

comienzo / fin

kezdet / vég

grande / pequeño

nagy / kicsi

claro / oscuro

világos / sötét

hermano / hermana

fivér / nővér

limpio / sucio

tiszta / koszos

completo / incompleto

teljes / nem teljes

día / noche

nappal / éjszaka

muerto / vivo

halott / élő

ancho / angosto

széles / keskeny

disfrutable / no disfrutable

ehető / nem ehető

malo / amigable

gonosz / kedves

excitado / aburrido

izgatott / unott

gordo / delgado

kövér / vékony

primero / último

első / utolsó

amigo / enemigo

barát / ellenség

lleno / vacío

teli / üres

duro / suave

kemény / puha

pesado / liviano

nehéz / könnyű

hambre / sed

éhség / szomjúság

enfermo / saludable

betegség / egészség

ilegal / legal

illegális / legális

inteligente / tonto

intelligens / buta

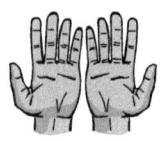

izquierda / derecha

bal / jobb

cercano / lejano

közel / távol

nuevo / usado

új / használt

nada / algo

semmi / valami

viejo / joven

idős / fiatal

encendido / apagado

be / ki

abierto / cerrado

nyitva / zárva

bajo / fuerte

csendes / hangos

rico / pobre

gazdag / szegény

correcto / incorrecto

helyes / helytelen

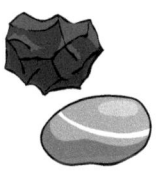

áspero / liso

érdes / sima

triste / alegre

szomorú / vidám

breve / extenso

rövid / hosszú

lento / veloz

lassú / gyors

mojado / seco

nedves / száraz

caliente / frío

meleg / hideg

guerra / paz

háború / béke

0

cero

nulla

1

uno

egy

2

dos

kettő

3

tres

három

4

cuatro

négy

5

cinco

öt

6

seis

hat

7

siete

hét

8

ocho

nyolc

9

nueve

kilenc

10

diez

tíz

11

once

tizenegy

12

doce

tizenkettő

13

trece

tizenhárom

14

catorce

tizennégy

15

quince

tizenöt

16

dieciséis

tizenhat

17

diecisiete

tizenhét

18

dieciocho

tizennyolc

19

diecinueve

tizenkilenc

20

veinte

húsz

100

cien

száz

1.000

mil

ezer

1.000.000

millón

millió

inglés

angol

inglés estadounidense

amerikai angol

chino mandarín

mandarin kínai

hindi

hindi

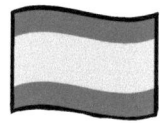

español

spanyol

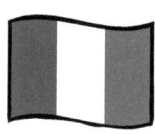

francés

francia

árabe

arab

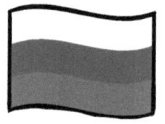

ruso

orosz

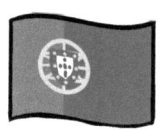

portugués

portugál

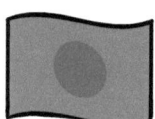

bengalí

bengáli

alemán

német

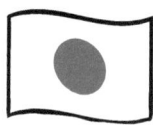

japonés

japán

yo

én

tú

te

él / ella

ő

nosotros

mi

vosotros

ti

ellos

ök

¿quién?

ki?

¿qué?

mi?

¿cómo?

hogyan?

¿dónde?

hol?

¿cuándo?

mikor?

nombre

név

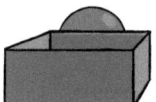

detrás

mögött

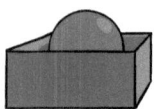

en

benne

delante de

elötte

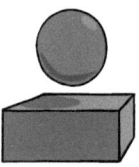

encima de

felette

sobre

rajta

debajo de

alatta

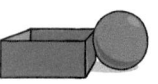

junto a

mellett

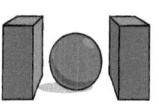

entre

között

lugar

hely